Los Tres Reyes
(a caballo)

CARMEN LEONOR RIVERA-LASSÉN
Y VÍCTOR MALDONADO DÁVILA
ILUSTRACIONES MRINALI ÁLVAREZ ASTACIO

LA EDITORIAL
UNIVERSIDAD DE PUERTO RICO

A papi y a mami.

C.L.R.L.

Para Isabela y Ceci.

M.A.A.

Un cuento de nuestras tradiciones

El día de los Tres Reyes Magos, es una tradición de origen cristiano. Se basa en el relato del evangelio de Mateo sobre unos magos, hombres sabios, que viajaron desde el oriente guiados por una estrella, para adorar y llevarle presentes al Niño Jesús .

Aunque algunas tradiciones varían en cuanto a su número, desde la Edad Media los Magos han sido tres, tal vez porque fueron tres sus regalos al Niño Dios: oro, incienso y mirra. El oro por su condición de rey, el incienso, usado en rituales de adoración, por su condición divina, y la mirra, resina utilizada por los embalsamadores, como presagio de su pasión y muerte.

Los Tres Reyes Magos, Melchor, Gaspar y Baltasar representan las tres razas conocidas: la mongólica, la negroide y la caucásica.

También se les ha representado montados en camellos, elefantes y a caballo.

La celebración de la visita de estos personajes se fijó en el 6 de enero. En algunos países, entre ellos España, se acostumbra que los niños reciban regalos la noche del 5 de enero, víspera de la Epifanía, que es la visita de los Reyes al Niño Jesús.

Esta tradición llegó a América con la llegada de los europeos al Nuevo Mundo. En Puerto Rico, los talladores de imagénes populares religiosas, suelen representar a los Tres Reyes a caballo. La noche del 5 de enero muchos niños y niñas puertorriqueños dejan dulces a los Reyes en espera de sus regalos y cajas repletas de yerba para alimento de los caballos.

Partiendo de estas tradiciones, presentamos este cuento sobre el día cuando los Tres Reyes Magos llegaron a Puerto Rico y recorrieron nuestras tierras a caballo.

Mrinali Álvarez,
Carmen L. Rivera- Lassén
y Víctor Maldonado Dávila

Los Reyes llegaron a Belén
anunciando la llegada del Mesías.
Vieron al Niñito Dios bien alegre en el
pesebre y de él recibieron una petición.

Debían hacer felices a otros niños
con regalos que dejarían en sus
casas. Como los Magos no sabían por
dónde empezar, la Virgen les habló
de una tierra con arenas doradas.

Melchor, Gaspar y Baltasar
salieron con sus camellos
de aquel pueblito. De vuelta
a sus tiendas, buscaron
información de la tierra que
la Virgen había mencionado.

Encontraron ese país
lejano en los mapas de
un Viejo Libro de Magia.
También hallaron en el libro
la forma de viajar rápido
por los aires.

LIBRO DE MAGIA

7

Leyeron en el libro sobre los traslados a lugares remotos. Tomaron maletas, regalos y especias para hacer el viaje. Se cubrieron con mantos lujosos y... ¡Ea! Estaban sentados en una nube.

Con un poco de susto volaban los tres apretaditos por encima de tierras de sabrá quién dónde cuando se dieron cuenta de que habían dejado los camellos.

9

Llegaron con la velocidad de un
rayo a un país con arenas como
las del desierto y aguas buenas
como las del oasis. Bajaron toda
la carga de la nube.

Se preguntaban cómo iban a
repartir los regalos, cuando de
pronto apareció un caballo frente
a ellos. Uno de los Reyes se le
acercó y lo agarró por las bridas.

Los Tres Magos se montaron sobre el animal, que los miró asombrado por la carga que tenía que llevar.

Subieron y bajaron lomas y montañas guiados por el olor a cazuela, a dulce de coco y a café.

Llegaron a una casa alta trepada en zocos. Los Reyes no alcanzaban a entrar, pero el caballo los acercó a la ventana. Con un empujoncito de Gaspar, Melchor entró al cuarto a dejar los regalos.

Siguieron a caballo repartiendo regalos por los campos y ciudades. Quedaban aún muchas casas por visitar y en cada una dejar regalos a nombre del Niño de Belén.

¡Oh! Pero algo terrible sucedió. Cansado por el peso de tanta carga el caballo se espatarró y se negó a seguir.

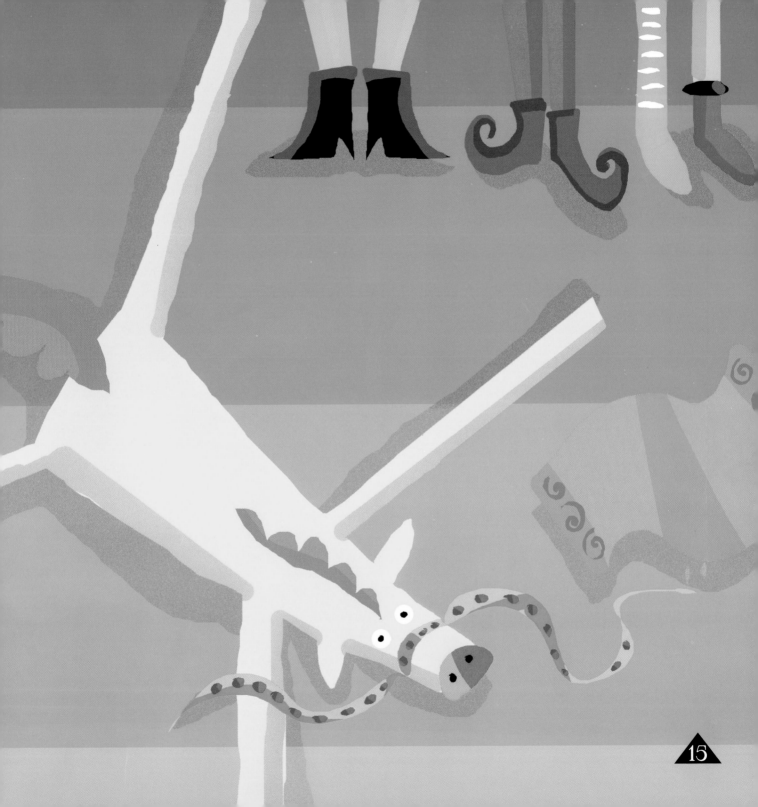

15

El caballo les recordó que ellos eran Magos y que algún remedio habría a la mano.

Consultaron el Libro de Magia. Con recitar dos versos, alargaron la grupa del animal y le fortificaron las patas.

Se montaron otra vez con los regalos y visitaron el resto de las casas.

Ya entregados los
regalos, los Reyes Magos
regresaron a la playa.
Allí oyeron unas palabras
mágicas: "¡Hora de
regresar a Oriente!" De lo
alto bajó la misma nube en
la que habían llegado.

Devolvieron al caballo su
tamaño de antes. Le dieron
las gracias y se despidieron.
Decidieron que cada año
regresarían con regalos.
Eso sí, cada Rey montaría
su propio caballo.

A la mañana siguiente de un cinco de enero, al levantarse, los niños y las niñas de aquellas tierras encontraron regalos debajo de las camas .

Los padres y abuelos contaron a sus hijos y nietos esta historia de los Reyes Magos para que supieran de dónde venían sus regalos.

Desde entonces les dejan, año tras año, un pedazo de casabe, un poco de café puya y yerba para los tres caballos.

Un tatarabuelo contaba
que pudo ver a los Reyes
Magos cuando llegaron
a nuestras playas.

Para recordarlos nos
dejó, de recuerdo y de
regalo, una talla con
los tres en un caballo.

Esta historia de
los Reyes a caballo,
la siguen contando
abuelos y padres.

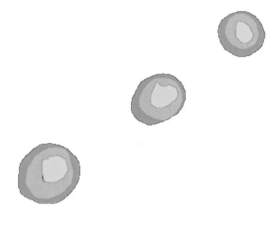

   Y la gente los recuerda
cuando canta desde Navidad
hasta las octavitas:

   "Los tres Santos Reyes,
yo los sé contar
Gaspar y Melchor
y el Rey Baltasar".

Y no se puede
olvidar que
los Reyes a
estas tierras
siempre llegan a
caballo...pues por
aquí, alimento de
camellos no se
ha encontrado.

Colección
Nueve Pececitos

Títulos publicados:

Serie Raíces:
Las artesanías
Los Tres Reyes (a caballo)
Grano a grano

Serie Cantos y juegos:
¡Vamos a jugar!
Pon, pon...¡A jugar con el bebé!

Serie Ilustres:
Pauet quiere un violonchelo

Libros para niños de edad preescolar hasta el tercer grado, para leerlos con los familiares, con los maestros en la biblioteca o en el salón de clase, como lectura suplementaria, y para los niños que ya dominan la lectura.

Serie Cantos y juegos
Elementos de la tradición puertorriqueña resurgen a través de libros de nanas, canciones y juegos infantiles.

Serie Raíces
Las raíces culturales que conforman al puertorriqueño son la base temática de estos textos. Estos libros abren las puertas al mundo de nuestras tradiciones.

Serie Ilustres
Cuentos infantiles basados en la vida y obra de personajes que han tenido una presencia particular en nuestra historia. Hombres y mujeres cuyo legado debe ser conocido por las nuevas generaciones.

Serie Igualitos
Se explora cómo debemos incluir a todos los niños y niñas en las actividades diarias y en el salón de clase, sin importar que luzcan de manera diferente o tengan algún impedimento físico.

Serie Mititos
La fantasía y la realidad parecen fusionarse para presentar los relatos con que nuestros antepasados explicaban los misterios del universo.

Primera edición, 2005

Los Reyes a caballo
ISBN- 0-8477-1552-3

Carmen Leonor Rivera-Lassén y Víctor Maldonado Dávila
Ilustraciones:Mrinali Álvarez Astacio
Diseño: Somos La Pera, Inc.

LA EDITORIAL
UNIVERSIDAD DE PUERTO RICO
P.O. Box 23322 San Juan, Puerto Rico 00931-3322
www.laeditorial.org
Impreso por Imprelibros S.A.
Impreso en Colombia - Printed in Colombia